"Meneos," Pisotones, y Apretones

Para Calmar Mi Cosquilleo

LINDSEY ROWE PARKER

Ilustrado por **REBECCA BURGESS**

Traducido por **LAURA FUENTES LOPEZ**

Publicado en los Estados Unidos por BQB Publishing
(subsidiaria de Boutique of Quality Books Publishing Company)
www.bqbpublishing.com

Impreso en los Estados Unidos de América

978-1-945448-92-8 (p)
978-1-945448-93-5 (e)
978-1-945448-94-2 (audio)

Librería del Congreso: Numero de control: 2020946889

Ilustraciones de la portada e interior: Rebecca Burgess
Arreglo de diseño interior: Robin Krauss, www.bookformatters.com
Editora: Andrea Berns
Traducido por: Laura Fuentes López

Reconocimientos para Meneos, Pisotones y Apretones

"Meneos, Pisotones y Apretones valida de manera juguetona las experiencias sensoriales únicas de los niños y niñas, escrita desde su propia perspectiva. ¡Estoy emocionado por cada niño o niña que se verá a sí mismo o misma en este hermoso libro!"

— Mark Loewen, Autor de *What Does a Princess Really Look Like?*

He trabajado en educación especial 12 años y no he encontrado un libro que explique estos sentimientos de inquietud hasta ahora. Este libro capturará los corazones de las familias, así como el de los niños y niñas con necesidades únicas. También educará a quienes no estén familiarizados con las diferencias sensoriales."

— Caitlyn Berry, Terapeuta Ocupacional

"A menudo me encuentro tratando de explicarle a los padres por qué su hijo o hija necesita meneos, pisotones y apretones a lo largo del día mientras experimenta información sensorial de maneras diferentes y a menudo, más intensas. Este es el primer libro con el que me he encontrado que ofrece una visión muy real de la experiencia vivida por un niño o niña con diferencias sensoriales. ¡Qué libro tan maravilloso del que se pueden beneficiar tantas familias!"

— Bridget Martinez, Maestra de Educación Especial

Dedicatorias

A mis pequeñines, gracias por enseñarme a conocerme mejor cada día. Todos somos suficientes tal como somos.

— Lindsey

A mi madre, gracias por permitirme ser completamente yo. Crecí teniendo confianza en mí misme gracias a ti. X X X

— Bex

A mis niños. Gracias por llenar mi vida de risas y alegría y por motivarme a dar lo mejor de mí cada día.

— Laura

Necesito un
ABRAZO

Necesito un
APRETÓN

No puedo explicar
por qué.

¡Siento un cosquilleo
dentro de mí y me da
ganas de correr!

2

¿Qué tan rápido puedo ir?

Mis pies zumban cuando golpean el suelo.

PUM-PUM-PUM

3

Doy vueltas y vueltas
rápidamente tocando
cada pared.

Me río y grito.
Mi voz resuena
dentro de mi cabeza.

PUM
PUM

PUM-
PUM-
PUM

Eso es lo que calma
mi cosquilleo.

5

Necesito menearme.
Necesito dar golpecitos.
No puedo explicar
por qué.

La papilla humeante
se ve esponjosa y
huele raro.

Empujo la comida lejos de mí.

Mi estómago gruñe y mi cosquilleo regresa.

8

¿Sólo un bocadito?
Pregunta mi mamá.

9

La cuchara se siente pesada
en mi mano.

Tan-Tan

-Tan

Pongo la papilla en mi lengua.

Le doy vueltas,
la aprieto contra
mis mejillas,

y la empujo
entre mis dientes.

11

Eso es lo que calma
mi cosquilleo.

13

Necesito correr. ¡Necesito pisotear!
No puedo explicar por qué.

Mi camisa se desliza por mi cabeza con un

wush

Mi cabello me hace
cosquillas
en la cara.

¿Dónde están mis manos?

¡No me puedo mover! ¡Estoy atorada!

¡Espera!

Ahora les toca a los pies.
Levanto el pie lo más
alto que puedo.

18

Los reviso para asegurarme de que son los pantalones que me gustan. Sin etiqueta.

¿Estos son los pantalones que me dan comezón?

19

20

Bien.
Un paso, dos pasos.

Salto, Salto, Salto.

"Una vez más" dice mamá.
¡Necesito correr!

EMPUJO, EMPUJO, EMPUJO.

Entra un zapato.

EMPUJO, EMPUJO, EMPUJO.

Entran dos zapatos.

22

"Prueba tus zapatos".

Me sonrío y pisoteo, pisoteo, pisoteo.
Y esto calma mi cosquilleo.

Necesito mecerme. ¡Necesito volar!
No puedo explicar por qué.

El aire fresco roza mi cara y sacude mi cabello. El pelo me hace cosquillas en las mejillas.

Arriba-Arriba-
Arriba!

Mis zapatos brillan mientras avanzan hacia
el cielo. ¿Me caeré? Entrecierro mis ojos para
ver mejor y el halón de la tierra me lleva
hacia abajo.

Y luego otra vez

Arriba-Arriba-Arriba!

Y esto calma mi cosquilleo.

Necesito zumbar.
¡Necesito mecerme!
No puedo
explicar
por qué.

Agarro la arena en mi mano
mirando cada grano.

Granos grandes, granos
pequeños.

Granos que **crujen** y se **muelen**
entre mis dedos.

29

Puntitos de arena
cubren mis manos.

Sacudo mis manos. No salen limpias.
Las limpio una y otra vez.

Limpio mis manos hacia abajo, en mi camisa y mis pantalones.

Hasta llegar a mis zapatos.

¡Guácala! Me las limpio otra vez.

31

Mi cosquilleo se hace más fuerte ahora.
Zumbo más fuerte.

¿Se irán si sacudo mis manos?

Mi cosquilleo retumba en mis oídos.
¿Porqué no se despegan? Estoy llorando.

Todo es ruidoso.
Hasta mis lágrimas
hacen ruido.

Mi mamá me abraza. No quiero un abrazo. Quiero los puntitos fuera de mí.

Salgo corriendo.
Todo es muy ruidoso.

El agua circula hacia el desagüe.

Remolino Remolino Remolino Remolino

Mis puntitos comienzan
a desaparecer. Me froto
las manos.

Fru, Fru, Fru

Mis lágrimas se calman ahora. Finalmente puedo escuchar mi zumbido.

Mamá zumba también.
Esto es lo que calma mi cosquilleo.

Necesito un abrazo. ¡Necesito un apretón!
No puedo explicar por qué.

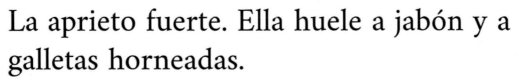

La aprieto fuerte. Ella huele a jabón y a
galletas horneadas.

Nos mecemos hacia adelante y hacia atrás.
Mi mamá es cálida y suave.

Su cabello me hace cosquillas en la cara
cuando me acurruca.

Mi mamá me abraza fuerte,
por mucho tiempo y me da
seguridad. Puedo escuchar el

Tun-Tun-Tun

de su corazón.

Ella me dice "Te amo".

Yo no respondo, pero la aprieto un poco más fuerte.

Y eso calma mi cosquilleo.

Sobre La Autora

Lindsey es una madre inmersa en las aventuras de la infancia de sus chiquitines, aceptando la próxima fase de ser madre mientras aprende a manejar y a abogar por su niña autista. Con un diagnóstico reciente de TDAH en su adultez y una comprensión mas profunda de sus propias experiencias sensoriales, ella ha comenzado a ahondar en la comunidad con neuro diversidad, aprendiendo todo lo que puede de voces neuro diversas. Este es su primer libro ilustrado, y espera que toda persona que haya sentido la necesidad de menearse, pisotear o recibir un apretón se pueda identificar con el mismo.

Sobre Le Ilustradore

Rebecca es une ilustradore autista que vive en el Reino Unido. Le encanta la historia y la naturaleza, pero sobre todo las historietas y la ilustración. Esta pasión le ha llevado a trabajar con casas publicadoras como el periódico 'The Guardian' y 'Jessica Kingsley Publishing'. Rebecca es más famose por su historieta en línea 'Understanding the Spectrum', una historieta que explica el autismo y que ha sido compartida en varios libros y usada por padres, maestros y doctores.

47

Sobre la Traductora

Laura es una patóloga del habla bilingüe a quien le apasiona trabajar con la población infantil que presenta dificultades con el habla o lenguaje. Lleva 14 años trabajando específicamente con niños de 0-11 años. A Laura le entusiasma interactuar con los padres, para aprender las rutinas del hogar y así desarrollar y llevar a cabo un plan de terapia que cubra las necesidades del niño o niña y que armonice con la dinámica familiar. Actualmente se especializa en  intervención temprana. Durante ese tiempo ha tenido la oportunidad de atender una gran variedad de niños y niñas con diferentes condiciones, entre ellas Autismo y diferencias sensoriales. Laura también es madre de dos chiquillos curiosos y activos a los que les encantan los pisotones, meneos y apretones.